AF597094

Les états d'âme d'une borderline

Jess de Vegault

Les états d'âme d'une borderline

LE LYS BLEU
ÉDITIONS

ISBN : 979-10-377-7255-8

Préambule

Borderline, ou trouble de la personnalité limite, est un trouble psychiatrique se situant dans la limite de la névrose et de la psychose. Selon les spécialistes, il est caractérisé par l'hypersensibilité de la peur de l'abandon ou de la solitude, d'épisodes d'euphorie et de dysphorie, d'une humeur changeante, d'instabilité émotionnelle et d'impulsivité.

Pour ma part, mon trouble développe plusieurs autres symptômes, notamment des épisodes dépressifs avec hallucinations, d'agoraphobie, des troubles autistiques, de la labilité émotionnelle…

Partie I

Je cours. Du plus vite que je peux. C'est l'instinct de survie qui me pousse. Il fait sombre dans les bois sauvages. J'évite les arbres et les ronces. Je cours et je me retourne de temps en temps pour apercevoir mon agresseur. Je sais qu'il me suit de près mais je ne peux pas le voir. Son visage est flou. C'est un homme. Et il me veut du mal. C'est tout ce que je sais. Alors je cours. Je suis affolée, angoissée, apeurée.

Le réveil sonne. Ça n'ira pas aujourd'hui. J'ai la cage thoracique comprimée et la gorge serrée. Je me tortille pour essayer de trouver une position dans laquelle je ne ressentirai pas ce sentiment de tristesse. Mais il est ancré en moi. Le café est prêt, il faut que je me lève. Je n'ai pas envie de me lever, ce matin. Je prends le tee-shirt de mon mari, je le sens intensément et je le serre contre moi. Son odeur me rassure.

Les boissons chaudes sont rassurantes pour moi. Ça me rappelle les journées froides et pluvieuses enveloppées dans un gros pull, près du feu. J'ai du mal à manger aujourd'hui. Je n'ai pas faim. Ma gorge est trop serrée pour me laisser avaler mon petit-déjeuner. Je ne parle pas non plus. Je n'ai rien à dire. Rien d'intéressant. Alors je fixe le mur. Et je me laisse emporter par mes souvenirs. Je fume. La sensation de fumée dans ma gorge me plaît. Elle me rappelle que je suis en vie. Me raccroche à la réalité. Je bois mon café noir et je finis par avaler un morceau de pain. Puisqu'il le faut. Je ne me laverai pas aujourd'hui. Je n'ai pas la force. Je ne m'habillerai pas non plus. Je ne ferais rien. D'ailleurs, pourquoi me lever ? Pour passer la journée à ne rien faire. J'aurais dû envoyer tout valser ce matin et rester sous la couette.

Je m'installe sur le canapé et je pense. La télévision est allumée mais je suis incapable de me concentrer dessus. J'essaie de regarder mon téléphone mais je n'y trouve pas d'intérêt. Alors je laisse mon esprit divaguer. Je suis malade. Malade de la personnalité et des émotions. Je devrais aller dans cette clinique pour me soigner mais je n'ai pas les moyens. Comment font les gens malades sans argent ? Ils se laissent porter par leur maladie. Ils l'acceptent. Ils vivent avec. Ils ne guérissent jamais. Ou par eux-mêmes, pour les plus forts. Je me demande ce que je serais sans cette maladie. Quel genre de personne je serais ? Est-ce qu'elle change fondamentalement ce que je suis ? Est-ce qu'elle change mon identité, mon empreinte ? Qui suis-je réellement ? Cette personne dépressive, hallucinatoire, sensible ? Cette personne euphorique, forte et ambitieuse ? Un entre-deux, ou les deux à la fois ?

Je suis enfermée dans un tout petit espace entre quatre murs. Il ne peut contenir que mon corps. Au-dessus de moi, il y a une grille. Je vois les gens passer. Des chaussures de villes, des talons, des baskets, passent sur la grille. J'aimerais crier pour les alerter mais aucun son ne sort de ma bouche. Seulement un léger souffle. Mes poumons ne répondent plus. J'ai du mal à respirer. J'aimerais taper contre les murs mais je ne peux pas bouger. Mon corps ne répond plus. Je reste là, désespérée. Je ne peux alerter personne et personne ne me voit. Je suis enfermée.

Je me réveille. C'est la cinquième fois que je fais ce foutu cauchemar. Mais aujourd'hui, je me sens bien. J'ai un profond sentiment de paix et de joie qui se propage dans ma poitrine. Ce sentiment que, je le sais, rien ne pourra m'évincer. Je me lève de bonne humeur. J'avale mon petit-déjeuner en deux bouchées et je passe le reste du temps à rire avec mon mari. Nous irons nous promener dans le parc de Daumesnil aujourd'hui. Il fait beau dehors. J'ai hâte de sortir et je cours me préparer. Je savoure le temps que je passe sous la douche. L'eau chaude coule le long de ma peau. Et je m'imagine mille vies. Je serais une grande écrivaine, une chanteuse hors pair, une superbe femme d'affaires ou je travaillerais humblement avec les animaux. Tout est possible, il suffit d'y croire de toutes ses forces.

J'ai entendu un oiseau lors de ma promenade. Non, je ne l'ai pas entendu : je l'ai écouté. Ce petit chant aigu symbole de liberté et de nature. J'ai écouté un oiseau et j'ai pleuré. Pas parce que j'étais triste mais parce que trop de joie m'envahissait. J'ai écouté ce petit être libre chanter et il m'a rempli d'émotion. Je n'ai pas pu retenir mes larmes. Je n'ai pas pu… C'est fou comme j'aime la nature. Si simple mais tellement grande à la fois. Ce grand arbre était là bien avant la naissance de mes parents. Combien de mains se sont posées sur lui ? Combien de visages a-t-il vus ? Combien de larmes et de rires a-t-il entendus ? Combien d'amoureux se sont adossés ici, d'amis, de familles, d'animaux ? Je me demande si le temps lui semble long ou bien beaucoup plus rapide que pour nous. Je sais qu'il communique avec ses congénères par la terre. C'est beau un arbre.

Un homme court derrière moi. Je sais qu'il me veut du mal. Je me retourne mais je suis incapable de le reconnaître. Pourtant, il m'a l'air si familier. Alors je cours, du plus vite que je puisse. Je cours et très vite. C'est l'adrénaline qui prend le dessus. C'est l'instinct de survie. Il est armé d'un couteau. Je le sais. Et ses jambes sont bien plus grandes que les miennes. Mais moi, je me faufile et j'esquive. Jusqu'à ce que je me retrouve au bord d'une falaise. Alors je ne sais plus où aller, je ne sais plus quoi faire. Il me rattrape. Je saute. Le temps ralentit dans ma longue chute. Mon cœur bat la chamade. J'atteins presque la fin de mon périple.

Je me réveille en sursaut. J'ai chaud et les gouttes de sueur coulent lentement le long de mon dos. J'ai mal dormi cette nuit. J'ai frappé mon conjoint dans mon sommeil. Ça ne va vraiment pas ce matin. Je suis envahie par la panique et une profonde tristesse. Je pense à mon cauchemar. Il était terrifiant, ce cauchemar. Mais ce n'est qu'un rêve, il faut que je me reprenne. Je cherche la signification qu'il pourrait avoir. Qui était cet homme qui me semblait si familier ? De quoi avais-je réellement peur ? Les rêves sont censés nous aider à accomplir nos plus profonds désirs pour laisser le cerveau se reposer ou récapituler les actions de la journée. À quoi servait ce rêve ? Me sens-je en danger ? Suis-je en danger ? J'ai du mal à me lever et je ne peux pas m'empêcher de ressasser ma nuit. De revivre en boucle ce mauvais rêve. Jusqu'au petit-déjeuner. Il faut que je sorte aujourd'hui. J'ai des courses à faire et je dois promener ma chienne. Alors je me prépare, lentement. Tout me semble plus difficile. Me laver les dents, et pire encore, prendre ma douche puis me sécher les cheveux, enfiler un jean. J'ai mis une heure et demie à accomplir toutes ces tâches. Et il faut encore que je fasse la vaisselle.

Dehors, le monde est calme. Les oiseaux chantent et le soleil brille. Il n'y a rien de mieux pour se ressourcer dans les bois. Mais au moment où je monte la pente qui mène là-bas, je me sens en danger. « Nous sommes en guerre. » Ces mots résonnent dans ma tête. « Nous sommes en guerre ». Contre le virus, je le sais. Mais ce sont des mots forts.

Je promène ma chienne et j'ai l'impression que les soldats vont sortir du bois. Un avion passe. Serait-ce ceux qui bombardent les villes ? L'angoisse me prend à la gorge. J'ai tellement l'impression que je vais mourir d'une balle perdue. Je me dépêche de rentrer. Plus vite je serais rentrée, plus vite je serais sauvée.

Je vais faire mes courses. Je marche le long d'une rivière pour y arriver. Je tourne la tête pour regarder ce si joli endroit de paix. Il y a un arbre au milieu d'une petite prairie. Et le soleil brille toujours. C'est un endroit adoré des pêcheurs, l'été. Une femme, cheveux longs et bruns, se tient debout, près de l'eau, devant cet arbre. La tête baissée, ses cheveux cachent son visage. Elle a la peau blanche d'une pureté éclatante. Elle tend lentement le bras puis pointe son doigt vers moi. Elle m'effraie. Elle est trempée jusqu'à l'os et sa longue robe blanche lui colle à la peau et dessine sa silhouette. Elle m'effraie, tout droit sortie d'un film d'horreur. Je tourne la tête mais je ne peux m'empêcher de la regarder de nouveau. L'espace d'une seconde et elle a disparu. Existait-elle réellement ?

Dans le magasin, j'angoisse. Il y a trop de monde, trop de lumière, trop de bruit. C'est trop petit. C'est un brouhaha incompréhensible, entre la musique, les discussions, les annonces, les remises en rayon. Tout me semble aller trop vite et le monde se met à tourner. Les lumières se mettent à tourner, les gens autour de moi aussi. Ma tête est lourde et j'ai la nausée. Mes jambes sont difficiles à mouvoir et je ne peux sortir d'ici. J'ai des articles à payer. La file d'attente est longue et mon cœur s'excite. J'ai du mal à rester en place. Je vais m'évanouir. J'en suis sûre.

Je rentre. « *Sale pute, pétasse, t'es si laide* ». Ces voix résonnent. Je me retourne, mais personne n'est derrière moi. Alors je monte le volume de ma musique pour ne plus les entendre. Elles crient désormais, ces voix qui me tuent. Elles crient et rien ne les fait se taire. J'avance et je regarde devant moi. Serait-ce… ? Non, c'est impossible. Quelqu'un a eu un accident et sa tête saigne sur le pare-brise de sa voiture. Il est conducteur, garé. Comment est-ce possible ? Je m'avance pour le voir davantage, lui porter secours. Mais il disparaît. Cet homme blessé s'est transformé en ombre et volant… Cet homme, tout comme ces voix, n'a jamais existé que dans mon monde à moi.

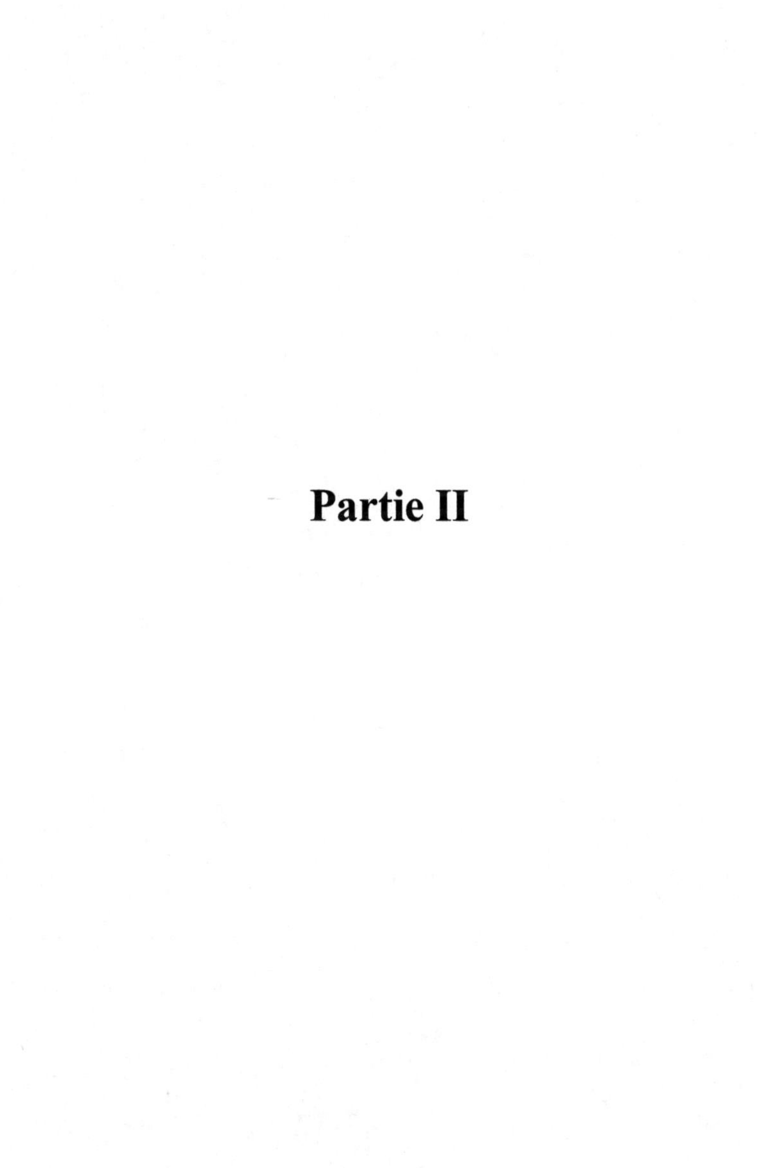

Partie II

Comment survivre ?

À la peine qui nous assaille,
Qui ronge nos entrailles,
Qui prend possession,
De nos pensées, de notre raison
Comment survivre ?

À la mort qui nous surprend
Rapidement ou lentement,
Au fond, quelle différence ?
On est seul, face à cette souffrance
Comment survivre ?

À l'horreur qui nous possède
Je tombe et je cède
Au monde illusoire
Qui me fait prisonnière du noir,
Comment survivre ?

Je me noie
Et je vois la surface
De toutes mes forces, je grimpe
Et je vois le sommet
Mais je retombe

Je crie
Mais personne ne m'entend
Je veux courir,
Mais mes jambes tremblent
Dites-moi,

Comment survivre, à ça ?

Partie III

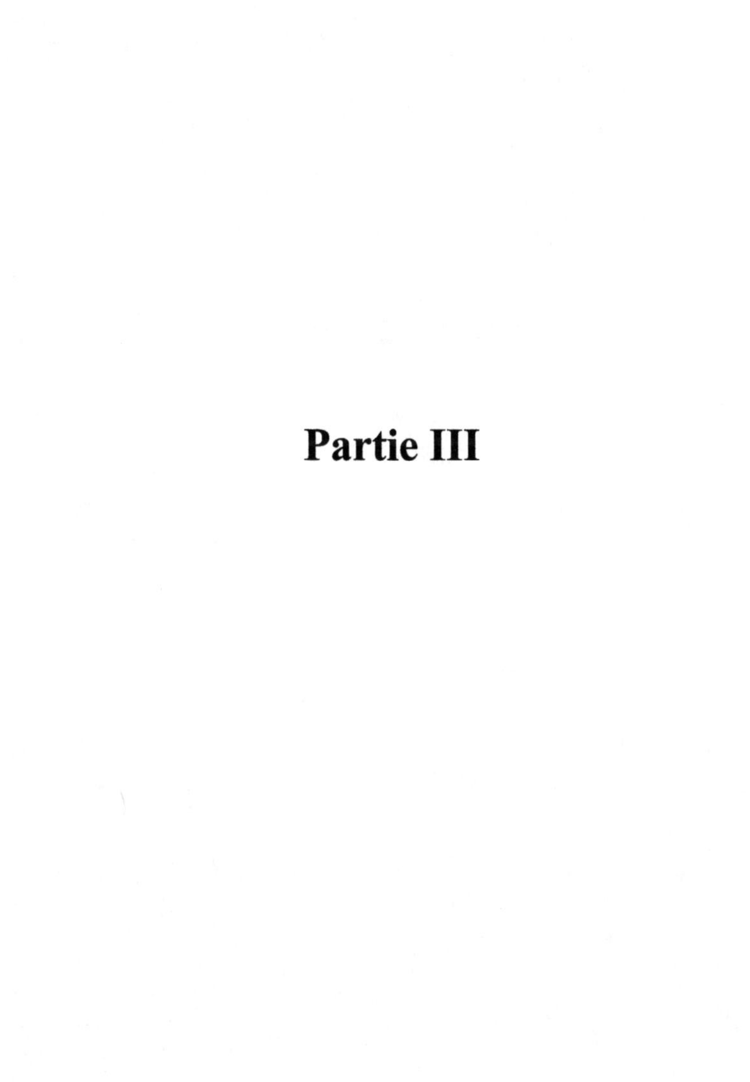

Lettre 1

Mon amour,

J'ai quelques notes de blues en ce moment dans ma tête et dans mon cœur. Je suis comme ça, je vis en deux temps. Un temps idyllique, un temps gris. On pourrait dire que ce sont les hormones, que ce sont les changements, que ce sont les résultats d'un stress. Je n'y croirais pas. Je sens qu'il ne s'agit uniquement de ma personnalité. Ce qui ne tourne pas rond chez moi en ce moment, c'est la solitude. Je sais, je t'ai toi. Mais n'a-t-on besoin que d'une seule personne dans sa vie ? J'aurais aimé avoir une amie à appeler quand tu fais quelque chose de travers, ou quand je prévois de te faire une surprise dont j'ai du mal à cacher l'existence. J'aurais aimé avoir une amie à qui confier mes frustrations et mes joies ; à qui demander conseil quand je me perds. Mais je suis seule. Personne d'autre que toi ne s'inquiète de moi ; personne d'autre que toi ne m'aime simplement et sincèrement. Dis-moi, qui m'appellerait pour me dire « qu'en ce moment, c'est l'bonheur » ? Qui m'appellerait pour savoir si je vais bien ; si je pars en vacances ; si j'avance dans la vie ? Qui m'appellerait simplement pour me parler ? Je me rends bien compte que je suis seule, qu'on ne m'aime pas pour ce que je suis, mais quelquefois pour ce que j'apporte. On m'aimera quand je serai ce qui s'opposera à de la solitude. On m'aimera quand je serai la seule à écouter, à conseiller, à tendre la main. Puis on disparaîtra parce que je ne suis pas suffisamment intéressante, pas suffisamment drôle. Et pourtant j'ai tant d'amitié à offrir. Je suis capable de tout encaisser, de tout comprendre. Je suis capable de tout laisser tomber pour rejoindre mon ami à l'hôpital. Je suis capable de protéger mon amie des coups de feu et des personnes malintentionnées. Je peux supporter l'anorexique, la suicidaire, la malade, la découragée. Je suis capable de les supporter et de les relever de mes mains tremblantes, à bout de force. Mais j'aimerais tellement qu'après cet orage, une amie vienne regarder la télévision avec moi ; m'appelle le soir ; me demande de l'accompagner dans les magasins ; ou me demande de m'aider à organiser mon mariage. Je voudrais avoir un ami avec qui boire un verre de vin sur une terrasse, avec qui rire et parler. Mais je sens bien que je ne compte pour personne. Je sens bien que je suis vide d'intérêt. Je suis incroyablement seule. Je n'ai que toi. Et bien heureusement que tu es là.

Toi, t'as toujours été là. Dès notre première rencontre, tu m'as toujours écouté et regardé. Tu n'as pas eu peur de mon passé. Tu n'as pas pensé que j'étais juste folle. Tu n'as pas non plus pensé qu'une blessure de plus ne me ferait rien. Tu as vu plus de choses en moi, que je n'en voyais moi-même. Tu as vu une certaine profondeur, une personnalité que je ne connaissais pas. Pour une fois, tu m'as vu moi. Tu as vu mon âme. Tu m'as ramassé. Tu m'as rafistolé à coup de patience, de paroles, d'amour et de mains tendues. Puis, tu m'as élevé plus haut que je ne l'ai jamais été, plus haut que je n'en rêvais. Tu m'as poussé à étudier. Grâce à toi, j'ai pu aller à la Sorbonne. Tu m'as poussé à avoir confiance en moi. Grâce à toi, j'ai été miss et modèle. Tu as rythmé mon quotidien. Tu as donné un certain goût aux choses. En réalité, tu m'as laissée être, laissée exister. Je n'avais plus à me cacher, je n'avais plus à me taire, je n'avais plus à être qu'un passage piéton. Tu m'avais appris à aimer et à être aimé de nouveau. Tu m'accordes de la réelle valeur. Tu imagines alors que tu ne représentes pas seulement mon amour, mais également le seul modèle de réussite, le seul modèle de vie, la seule personne qui me voit, m'apprécie et me valorise. Mais je sais aussi que je te déçois et que je suis imparfaite. Je sais que tu mérites plus que ce que j'ai à t'offrir. Je sais qu'à tes yeux, je suis fainéante, sans culture, sans intérêt pour quoi que ce soit, quelquefois superficielle, sans volonté et jamais ponctuelle. Je sais que pour toi, la passion remplit une personne, et qu'une personne sans passion est une personne triste et vide. Je sais qu'à travers tes yeux, je ne fais jamais d'effort et que je reste dans un cocon de confort sans prendre ce que le monde a à offrir. Et ça me blesse. Dans mon cœur, celle que je suis devenue aujourd'hui n'a été forgée que par toi, et il s'agit de la meilleure version de moi-même. Je n'ai jamais été aussi stable et je ne pense pas pouvoir être meilleure que ce que je suis. Lorsque tu penses cela de moi, ou que tu me fais comprendre ces choses, dans mon cœur cela définit ce que je suis. Ta façon de me voir, ce que tu penses de moi, me définit. Auparavant, tu as pensé que j'étais intelligente, que je lisais beaucoup, et grâce à cette version que tu voyais de moi, j'ai pu étudier dans une grande université. Si tu me vois comme une personne sans aucun intérêt, je serai cette personne. Je n'ai pas d'autres personnalités que celle que tu peux me forger. Parce que je ne fais réellement confiance qu'à toi. Parce que je me sens liée à toi, comme à une âme.

Malheureusement, tu aimerais également que je sois ce que je ne suis pas. Je sais, c'est contradictoire ce que je dis. Mais je n'ai pas encore compris ces pensées moi-même. Je n'arrive pas à me pousser à faire des choses dont je n'ai aucune envie de faire. Je n'arrive pas à m'infliger des obligations. Pourtant je fais des efforts, en faisant la vaisselle, en m'habillant tous les matins. Je sais que cela te semble moindre mais c'est difficile pour moi. C'est difficile pour moi de me lever le matin, de me préparer alors que je suis fatiguée, pour aller faire quelque chose qui ne m'intéresse pas. C'est difficile de rentrer le soir, alors que je suis encore fatiguée, et de devoir apprêter l'appartement tandis que mon unique envie est de rester sur le lit devant une série qui m'enlèvera toute ma tête, dans tes bras. Peut-être bien que la fainéantise fait partie de ma personnalité. Tu penses de moi que je ne suis qu'une râleuse, mais en réalité je ne fais que m'exprimer. Et j'exprime aussi bien ce qui me plaît que ce que je n'apprécie pas, et ce que je n'apprécie pas n'est que rarement dirigé vers toi. Ce n'est pas parce que j'exprime mes ressenties avec maladresse qu'ils sont dirigés à ton égard. Je sais que je m'exprime mal, et je sais que je ne me contrôle pas à ces sujets. Mais, ça fait partie de moi, c'est ce qui me rend un peu plus vivante. Tu aimerais que je sois davantage passionnée. Mais la réalité est que je n'ai aucune passion. Une passion vient d'elle-même, on ne la choisit pas. Et je n'y pourrais pas changer non plus. Je n'ai pas la même volonté et la même ardeur que toi, certes. Mais c'est parce que mon cœur n'est pas dirigé sur un objet passionnel.

À défaut de ne pas avoir de passion, je suis une rêveuse. À défaut de ne pas avoir de métier ou de hobbies idéals, j'ai un lieu et un monde idéal. Je suis éprise de passion pour ces petits coins de verdure où les enfants peuvent s'amuser. Je suis éprise de passion pour ces arbres qui remplacent les immeubles. Je suis éprise de passion par la vie que les bois protègent et cachent. J'aime ce petit courant d'eau qui traverse la forêt. J'aime la mousse qui pousse sur les pierres. J'aime la sérénité qu'un petit pré fleuri a à offrir. Je n'ai pas de passion, mais j'aime le bruit du vent dans les feuillages et le bruit de l'eau qui coule. J'aime à savoir tous ces petits animaux vivants entre ces arbres. Le ciel d'un véritable bleu et l'immensité des étoiles. Et puisque ma vie est faite de contradiction, j'aime écouter et regarder l'eau, alors que j'ai peur de m'y noyer ; tout comme j'aime écouter et sentir la forêt alors que j'ai peur de m'y faire attaquer par les petits insectes, tout comme les bandits. C'est stupide. J'aime cette nature mais j'aime ces animaux qui, quelquefois, m'effraient tellement. Ce que j'aime d'autre, ce que j'idolâtre d'autre, c'est la bienveillance. Bien sûr, quand l'humeur s'y prête. J'aime la bienveillance. J'aime l'observer et la cultiver. Juste un sourire, une pensée, un geste.

J'essaie vraiment d'être quelqu'un de bien. Et des fois, j'y crois. Et d'autre fois, je vois que je suis encore égoïste.

Et enfin, c'est l'amour qui me passionne. C'est toi, et la vie qu'on se dessine. Ce sont les petits plis au-dessus de tes sourcils, ce sont tes petits sourires en coin, et tes yeux pétillants. Ce sont tes cheveux drôlement épais et toujours en place. Ce sont tes mots, tes bêtises. La façon dont tu prends soin de moi. Celle dont tu me prends dans tes bras. Tes lèvres qui effleurent mon front. Mais, tu vois, quelquefois, c'est difficile. Quelquefois, j'ai l'impression d'être une mauvaise personne. J'ai l'impression que tu penses que des mauvaises choses de moi et que tu ne souhaites que me changer. Mais m'aimes-tu pour ce que tu fais de moi, ou pour ce que je suis ? Je ne pourrais pas changer du tout au tout. Et c'est vraiment blessant de savoir ce que tu penses de temps en temps, et en même temps de se sentir seule, de se sentir impuissante face à tes idéaux, et de vivre dans une forêt grise, de ne pas respirer… Voilà ce qu'il se passe, en ce moment, dans ma tête et dans mon cœur. Je t'aime et je sais que tu m'aimes, mais j'espère que tu m'aimeras même si je reste celle que je suis.

Lettre 2

Ma souffrance c'est quoi ?

Je dors bien, je ne pleure pas. Je ris même. Mais ma douleur à moi est encore plus profonde, imperceptible à l'œil nu.

Ma souffrance c'est la peur, l'agonie, l'urgence et l'angoisse.

Ma souffrance, c'est mon corps qui se ligue contre moi. Quand j'ai tellement plus la force d'avancer que mes jambes crient à la douleur, jusqu'à n'en plus pouvoir avancer. Que j'ai tellement de poids à supporter que mon dos finit par me lâcher. Ça, c'est l'hystérie de conversion.

Et la dépression ? C'est la pénombre. On n'y voit plus rien, on n'y comprend plus rien. La dépression c'est ce sentiment d'avoir constamment manqué quelque chose, d'avoir constamment oublié quelque chose. D'être en chute libre et de ne pas pouvoir tomber encore plus bas. Ce sont les visages que je vois, les mots que j'entends. Les visages ensanglantés, les insultes et les moqueries narquoises. Ce sont les cadavres que je vois, un filet de sang à la bouche, le crâne explosé. C'est cette oppression dans la poitrine, l'impression qu'on me serre le cœur de toutes ses forces. C'est cette impression qu'il s'arrêtera d'un instant à un autre. C'est la gorge serrée et les vertiges qui prennent possession de mon corps. La dépression c'est de savoir que je ne sers à rien, que je suis inutile, que je ne sais rien faire, que je n'apporte rien à personne et que ma compagnie est un fardeau. Oui, parce que qui voudrait que quelqu'un comme moi respire le même air que lui ? Une erreur de la nature, incapable, dépendant. Mais c'est aussi de la culpabilité. Oui, pardon. Pardon de vous faire subir ça, vous êtes trop bons pour moi. Pardon de prendre de votre temps, de vous faire sentir inutile. Pardon d'être si nulle, de ne savoir rien faire, de ne pouvoir rien faire. De toute façon, je n'arrive plus à me lever de la journée. Tout parait si dur, insurmontable. Chaque mouvement est une torture. Pardon d'être une larve. Pardon de ne pas parler, parce que je ne sais pas quoi dire, je n'ai rien à dire, je suis si inintéressante. Pardon de faire du bruit, de respirer trop fort, de mâcher trop fort. Pardon d'exister, d'être là à côté de toi.

Et ma névrose c'est quoi ? C'est l'anxiété, l'angoisse. De penser sans cesse, de croire que quelque chose arrivera sous peu. Comme ce couteau qu'on va me planter dans le dos en quelques secondes. C'est de croire que tu ne reviendras pas de ta balade parce qu'une voiture vous aura percutée. De croire qu'elle ne reviendra pas parce qu'elle se sera blessée mortellement. D'être en hyper vigilance à chaque instant, d'en avoir le souffle coupé.

Lettre 3

Maman,

Tu m'as demandé ce qu'était ma maladie au quotidien. Je vais te l'écrire.

Je me réveille. Je n'ai pas envie de sortir du lit ce matin. Je me réveille et ma souffrance se réveille aussi. J'ai un sentiment aigu dans la poitrine et la gorge serrée. Je me sens peinée et je ne sais pas pourquoi. J'ai fait un cauchemar cette nuit, je suis en sueur. J'ai mal dormi, je suis fatiguée. Le café a fini de couler, il faut que je me lève.

Je ne dis rien. Je n'ai rien à dire, ce matin. Comme tous les matins, d'ailleurs. Ma journée commence et j'ai déjà hâte qu'elle se termine. Le temps est long mais passe si vite à la fois. Hier, j'avais 18 ans. Aujourd'hui, j'en ai 24. Je me rapproche un peu plus de l'âge responsable, et qu'est-ce que j'ai accompli ? J'ai voyagé, un peu, mais j'étais malade. J'ai créé une entreprise quand j'étais en forme, mais je suis tombée bien vite et elle ne fonctionne pas. J'ai l'impression d'avoir passé ma vie en dépression. Ou malade. Tu sais, c'est ça ma vie, des hauts très hauts et des bas très bas. Ce n'est jamais stable, la mer est déchaînée. Alors quand je suis en haut, c'est super, tu sais. Oh oui, c'est génial, tout est décuplé. Tout est plus fort, tout est plus intense. La vie prend son sens. La vie pour moi, c'est ce petit oiseau qui chante et cet arbre si vieux, si sage. C'est le bruit du vent dans les feuillages et la brise qui nous caresse le visage. La vie pour moi, c'est le soleil qui brille sur ma peau et la neige qui m'éblouit. Et quand je vis je suis une belle personne, je te jure. J'essaie d'être la meilleure personne que je puisse. Je suis conciliante, patiente. Aimante et empathique. Courageuse et intelligente. Belle et douce. Oui mais la vie, chez moi, quelquefois elle s'arrête. Et redevient sombre. C'est les autres qui me veulent du mal. C'est mon corps qui crie et ma tête qui part en vrille. Alors là, je deviens une mauvaise personne. Plus rien ne m'intéresse et je m'ennuie. Mais je me contente de cet ennui puisque je n'arrive à rien. Je n'ai plus confiance aux autres, je ne les aime plus. Je suis juste là et pas vraiment là à la fois. En réalité, je suis perdu dans mes songes. Et ma tête les transpose dans la réalité. Est-ce réellement un mort que je vois ? Est-ce réellement quelqu'un qui va me poignarder ? Et le pire c'est les pulsions antiphobiques. Quand ma tête décide de me faire vivre toutes mes phobies pour m'en protéger. Alors je vois la mort dans tous ces états. Je me vois, moi, sauter sous un train. Je vois Marc se faire tuer. Je vois Ginny se faire écraser. Je vous vois vous, mes chers parents, partir trop tôt. Et j'imagine qu'on est en guerre. J'imagine que quelqu'un me suit. Que la vie devient encore plus difficile.

Alors je me réveille, et ce matin, ça ne va pas. Je sais que la journée sera dure et longue. Alors, comment faire passer le temps ? Je ne veux pas me laver ce matin. Je ne veux pas m'habiller, non plus me maquiller. Je ne veux pas lire ni regarder la télévision. Je ne veux ni chanter ni jouer de la guitare. Non, je m'ennuie mais je n'ai envie de rien.

Quelquefois, je me réveille avec ce sentiment de joie intense, le matin. Mais rien n'est sûr. Il est fragile, ce sentiment. Un mot, un geste, une goutte de pluie et tout peut s'effondrer. Sauf quand ça va vraiment très bien. Alors, là, rien ne peut évincer ma joie. Je suis si forte quand la vie s'offre à moi. Et bien peu de choses font mon bonheur.

Mais ce matin, non, ce matin, ça ne va pas. Alors je vais dormir pour que le temps passe plus vite et pour ne pas ressentir la douleur ni l'ennui. Je vais dormir, et j'espère que demain matin, je me réveillerai de meilleure humeur.

Lettre 4

Chloé,

Tu sais, je t'aime. Tu es la fille la plus merveilleuse que je connaisse. Mais quelquefois, je n'ai plus les mots. Je n'ai plus les mots pour te dire que je vais bien. Et je ne veux pas t'inquiéter. Ça ira toujours mieux. J'ai peur, tu sais. J'ai peur de te perdre à te laisser seule, sans nouvelles, quelque temps. Je pense à toi. Tous les jours, je pense à toi. Je me demande ce que tu fais et comment tu vas. Si ta peine s'affaiblit. J'aimerais te dire les mots pour te guérir. J'aimerais te recueillir et recueillir ta peine. Pour que tu sois soulagée de ce poids. Mais je n'ai plus la force. Je n'ai plus la force de porter une peine de plus. J'aimerais te prendre dans mes bras et prendre tes pleurs. Mais mes yeux sont fatigués de pleurer. Je t'aime et j'ai peur de te perdre. Tu es la seule avec qui je puisse être moi-même sans être effrayée que tu t'enfuies. Je me sens bien en ta présence. Je me sens unique. Tu comprends mes maux, je comprends les tiens. Depuis tellement d'années.

Oui mais voilà, je n'ai plus les mots. Pour te dire à quel point tu es merveilleuse. Et que tout finit par s'arranger. Que rien n'est grave et que tu t'en sortiras toujours. Parce que tu as une force que je ne connais nulle part d'autre. Une beauté que je n'ai jamais vue. Tu es unique. Tu es unique et tu es dans ma vie. Mais quelle chance j'ai ! Et je la gâche. J'ai l'impression de ne pas t'accorder l'amour et la patience que tu mérites. J'ai l'impression de ne pas t'accorder toute l'attention dont tu as irrévocablement besoin. Parce que mes épaules sont trop faibles et que mes yeux ont trop pleuré.

J'aime te voir sourire. Tu illumines le monde. Je t'admire pour ce que tu es. J'admire ta force et ton habileté à toujours trouver le sourire, même dans la pénombre. Je t'admire pour ton intelligence et ta curiosité, ta soif de savoir. Tu me dis que tu n'es pas assez intelligente mais tu as une agilité d'esprit que peu de personnes possèdent. Tu me dis que tu n'es pas assez jolie mais je te mettrais en première page de mon magazine de mode, si seulement j'en possédais un. Tu me dis être trop bête mais l'attachement n'est pas une bêtise, la bonté non plus. Tu es seulement incomprise. Tu as envie de crier ce que tu es mais tu n'oses pas. Toi aussi, tu as peur. De tout perdre. Quelquefois, du regard des autres. Moi, je t'entends. Je t'écoute. Moi, je te vois. Je te regarde. Et crois-moi, tu es la plus belle fille que je connaisse.

Partie IV

1

On se rencontre. On échange quelques regards. Les premiers mots, les premiers rapprochements. Les sourires. L'attachement. Et là, ce sentiment qui vient tout bouleverser. Et alors, certains tremblent, certains attendent. Tandis que d'autres rougissent sans rien oser, d'autres vont donner tout ce qu'ils possèdent encore.

Le premier baiser.
Les cœurs qui battent.
La tête qui tourne.
Le vide total.
Un pas vers le futur.
Tout devient plus net.

Je crois que j'ai toujours attendu de faire entièrement partie d'une autre vie. De revenir en arrière dans la vie de quelqu'un d'autre et de l'apprendre petit à petit. De comprendre comment il a grandi. De l'admirer. Et de me dire que j'aurais pu être là beaucoup plus tôt et participer aux grands événements, aux bonheurs et aux peines, sans jamais disparaître. Me dire que j'aurais pu sécher ses larmes ou rire avec lui. Puis, savoir que maintenant c'est ensemble que l'on construira le reste de notre vie.

2

On est incroyable, n'est-ce pas ? De rêver de merveilles auxquelles on n'aura jamais le bonheur de goûter. Ni, ne serait-ce, d'effleurer du bout des doigts. On se raccroche à leurs ombres. Quelquefois, vivre dans un monde illusoire est la seule façon de rester lucide. Sans s'enfermer dans le vécu ni se perdre dans le présent.

3

Je pense que chaque individu a sa propre interprétation du bonheur.

Pour moi, le bonheur, c'est ne plus se poser de questions et vivre dans l'instant présent, qui nous sera toujours unique ; C'est rire de ce qui aurait pu causer une souffrance et se dire que rien ne pourrait briser cette force ; Accepter la vie comme elle vient. Et peut-être même oublier la conscience. Parfois, prendre conscience de quelque chose mène à la fin d'un bonheur. Prendre conscience de la perte d'un être cher ou d'une défaite ne contribueront certainement pas au bien-être.

Pour d'autres, le bonheur prend différentes formes. Il suffit parfois de peu : un but à atteindre, une religion, un amour profond ou encore du pouvoir ou de la richesse. Et pourquoi pas, le simple fait de progresser ?

Mais, je ne pense pas qu'être heureux puisse être possible sans que nous ayons connu de chagrins. Nous avons tous besoin de connaître un mal pour le distinguer d'une joie.

C'est aussi le fait de s'égarer dans une phase sinistre et d'avoir la capacité de retrouver son chemin.

Alors qu'importe la forme du bonheur, nous ne le connaîtrons pas sans son inverse.

Voilà à quoi ressemble mon bonheur : remonter plus haut que les questions, respirer cet air de joie et le laisser partir pour pouvoir le retrouver.

4

Docteur, avant, je ne ressentais rien. Je ne ressentais ni la joie ni la peine. Aucune émotion. Je n'avais pas peur. J'étais persuadée d'être invincible. Rien ne pouvait m'arriver. De toute façon, on ne pouvait pas changer ce qu'il se passait. Je pouvais faire n'importe quoi, ça ne me touchait pas. Je n'avais rien à perdre. Puis je me suis mise à ressentir quelque chose d'horrible, docteur. Je me suis mise à avoir mal. J'avais mal sous la poitrine. Ça remontait jusque dans ma gorge. Ça descendait jusque dans mon ventre. Mon cœur s'est serré. Et depuis, je ressens trop de choses. C'est comme si ma conscience m'empêchait de tout perdre. Oui, maintenant j'ai trop à perdre. Je ne sais plus rien. Je me prends la tête. Je suis constamment en angoisse. J'ai toujours peur de quelque chose. Docteur, j'ai mal. Je ressens trop de choses. J'ai découvert la joie. C'est différent de ce que j'imaginais. Tout est douloureux, parce que tout finit par partir ou s'effondrer. Et le pire, c'est quand je m'aperçois que je perds quelque chose. Que ce soit un sentiment ou une personne. J'ai des frissons qui parcourent mon corps, c'est étrange. Ma gorge ne se desserre pas. Elle reste nouée quand quelque chose de triste ou de joyeux m'arrive. Mais vous savez, c'est ridicule. Je peux trouver de la joie n'importe où. Dans le rire de quelqu'un, ou dans l'imagination d'un enfant. Quelquefois même, j'en trouve dans les gestes et dans les regards. J'ai parfois l'impression qu'on a besoin de moi ou que je suis intéressante. Docteur, je ne me reconnais pas. Parfois, je pleure. Mais pas toujours de peine. Je pleure par amour, par peur ou par joie aussi. Mais je sens les larmes venir à mes yeux. Avant je pleurais toujours. Je pleurais tous les soirs. Je me réveillais avec des larmes. Mais je ne les ai jamais senties. Elles ne m'ont jamais fait aussi mal. Je n'ose plus rien. Je n'ose même plus parler. Et l'amour. C'est quoi l'amour ? J'ai l'impression d'être trop faible. C'est ça, c'est juste une faiblesse. Mais j'ai l'impression que ça devient une force, parfois. J'ai peur de tomber amoureuse encore une fois. Vous savez, d'une autre personne. Une personne c'est déjà trop. Ce n'est pas toujours facile. Je ne voulais pas de ce sentiment, mais je ne peux plus m'en passer. Je ne comprends pas ce sentiment de sécurité. Est-on vraiment en sécurité ? Pourrais-je vraiment avoir confiance ? Et si j'aimais une autre personne ? Comment je m'en tirerais ? Parce que je suis trop sensible, maintenant. C'est fini la vie tranquille, l'insensibilité, le désintérêt. Et ce n'est pas tout. J'ai encore plus mal physiquement. Ça me tue. Ça fait tellement peur. J'ai tellement peur de moi. Ça s'empare de moi. Je m'en fichais d'avoir mal, avant ! J'avais l'habitude. La douleur monte en moi, elle me possède. Je ne suis plus indépendante et détachée. J'ai envie de vomir. C'est la douleur qui ne part pas. Vous savez, j'ai l'impression qu'elle m'empêche de vivre. Qu'est-ce qu'il m'arrive ? Je ne veux pas ressentir tout ça. Je ne suis pas assez forte. Vous savez, c'est tellement plus simple de ne rien ressentir. Je ne suis pas capable de gérer tout ça. Les regrets, les rêves, les déceptions, les questions et les émotions… J'ai peur.

Imprimé en Allemagne
Achevé d'imprimer en septembre 2022
Dépôt légal : septembre 2022

Pour

Le Lys Bleu Éditions
40, rue du Louvre
75001 Paris

LE LYS BLEU

ÉDITIONS